起きあがりこば

心の筋肉に効いていきます

佐藤雅幸

朝日出版社

目次

ウォーミングアップ

人は、まず「起きあがる」ことからはじまる

「七転び八起き」ということわざがあります。
「何度失敗しても屈《くっ》せず奮起《ふんき》する」という意味ですが、
七回転んだのだから、起きあがるのも七回のはず。
なぜ「八起き」なのでしょう。
一説によると、人は赤ん坊の頃は「寝ている」状態で、
まずは「起きあがる」ことから始めるからだそうです。
「起きあがる」「転ぶ」を七回繰り返し、
最後にもう一度「起きあがる」と「八起き」になる。

人は生きるために必ず起きあがる。
だからこそ、「人は必ず転ぶ」のです。

転ぶことなんて本当は怖くない。
起きあがる術《すべ》さえ覚えたら大丈夫。
ちょっとしたきっかけで、人は起きあがり、
みるみる元気になるものです。

ここに「起きあがる」ヒントになる言葉をまとめてみました。
どれも今までの私の経験から、
実際にスポーツ選手や多くの人たちにかけた言葉ばかりです。
少しずつ、そして着実に皆さんの心の筋肉に効《き》いてくると思います。

専修大学教授（スポーツ心理学）佐藤雅幸

「はっきりしなくて憂鬱《ゆううつ》……」

なぜか意味もなくモヤモヤした気持ちを抱《かか》えながら過ごす日々が誰にでもあります。でも意味のないモヤモヤなんて本当はありません。間違いなくモヤモヤの原因は「あなた」のなかにあります。初心を忘れていませんか？

一転び

モヤモヤ

自分のことは案外自分が一番わからない。

自分の力を低く見すぎていると、
伸ばせる能力も伸ばせなくなる。

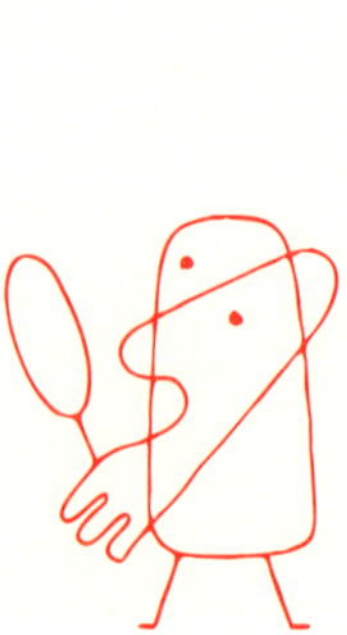

子ども時代に成功した方法は、
大人になって通用しないと思っていたほうがラク。

残念ながら、
努力なくしてどんなチャンスも訪れることはない。

「運が悪い」というのは単なる思い込み。
その思いに引きずられるな。

悩みや不安はあっていい！
もっと自分がよくなりたいと思っている証拠《しょうこ》だから。

いつもいつも誰かに頼っていると、
自分で「気づく」チャンスを逃す。

気づきは大切。気づきは変われるチャンスになるから。

曰《いわ》く、
「過去と他人は変えられない。
でも自分は変えることができる」。

「おかしいな」と気づき始めたら、
本人は結構謙虚《けんきょ》になっている。

別の生き方があるかも…と思ったときは、
人生のストーリーを書き直すチャンスだ！

習慣を変えるにはかなりの努力がいるが、
習慣が変われば確実に新しい世界が見えてくる。

「雨」を心から喜ぶ人もいる。
要は考え方次第で、心（気持ち）は変わる。

自分の周りをよく見よう、とことん見よう。
そしてその場の空気をキャッチしよう。

人の相談を親身になって考えていると、
自分の考え方も明らかになってくる。

「こうなりたい！」という
明確な目標が
自分の行動を変える！

「やるぞ！」と宣言しないことには、
本当は何も始まらない。

フラフラ歩いていてエベレストの登頂に
成功した人はいない。
決意して登ろう！

「なんとなく」ではダメだ。
まずは基本を身につける。自信が生まれる。

立てた目標を達成するとどんな意味があるか……
そこまで意識するといい。

当面の目標と「その次」の目標があるといい。
「その次」があれば活力が湧《わ》いてくる。

目標を決めたら達成までの締《し》め切りを決める。
漠《ばく》然《ぜん》とした未来では、達成は難しい。

できるできないは、すべて自分次第。

少なくとも、立ち向かえば
できる可能性は大きくなる。

経験豊富な人ほど直感が鋭《するど》い。
直感は経験の積《つ》み重ねだから。

どんな達人にも「初めてのとき」はあった。
まずはやってみることだ。

ターゲットを決めたら少しずつ近づくより、
一気に「ゴール」を狙《ねら》ったほうが
ターゲットに近づく可能性大。

どの言葉にひっかかるのか…
それに気づけばまた新しい自分がわかる。

見ていて勇気が湧《わ》いたり、
素敵だと思える人を人生のモデルにしよう。

人から受けたアドバイスを
「自分で自分に」もう一度言い聞かせると効《き》き目「大」。

それが正しい方法と心から信じられるなら、
失敗しても必ず次へつながる！

目標を立てたら進行状況を定期的に確認する。
そのほうが効率的だ。

息を吸うといいエネルギーが注ぎ込まれ、
吐くと不安が排出《はいしゅつ》される。

好奇心をもっているか?
好奇心を忘れず、常に脳みそを刺激《しげき》しよう!

体力をアップすれば、
絶対に思考力アップにつながる。

言いたいことを言わずに、
黙っているのも戦略の一つである。

一度わざと離れ、
機が熟《じゅく》したときに一気にやるというのも有効だ。

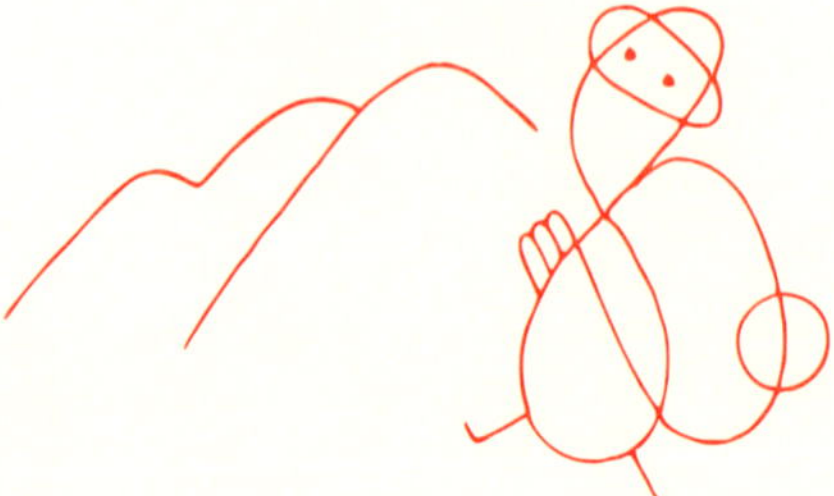

モヤモヤ

白黒つける決断は、
グレー（モヤモヤ）状態の経験があってこそ、できる。

勝負にこだわると答えは勝つか負けるか。
違う見方をすれば答えは無限にある。

自分を理解すれば、
自分に一番ふさわしい目標設定ができるようになる。

壁を突き破るときは瞬発力《しゅんぱつりょく》！
ジワジワだとかえって苦しい。

周囲の評価も大事。
だが、それに一喜一憂《いっきいちゆう》して自分が振り回されてはダメだ。

遠回りも、ときには大事。
振り返れば
無駄《むだ》なことは一つもない。

自分の道を決めていれば、
うまくいかないことがあっても必ず挽回《ばんかい》できる。

どんなことであれ、
「これだ！」という自分の得意技をつくろう！

「その気」になればなんでもできる！
君は「その気」になっているか？

経験を積《つ》めば積《つ》むほど、
いままで見えないものが見えてくる。

何かを長く続けるには、努力だけじゃない。
「知恵」「教養」「知識」が必要だ。

何ごとも自分から仕掛けていくと楽しくなる。

ときどき心のなかのもう一人の自分に
声を出して語ってみよう！
きっと考えがまとまる。

イイことも悪いこともある。
トータルで見てよかったらヨシ！

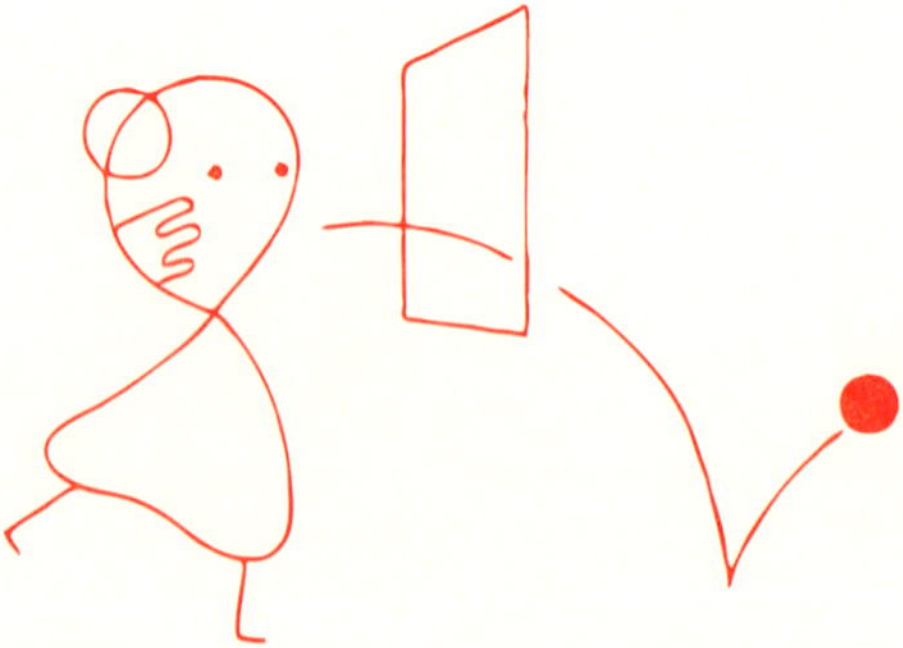

朝一番、「今日すること」の確認だ！

人生って
想像を超えたことが起こるから楽しい。

「約束」は他人とするんじゃない。
自分自身とするんだ。

「考えても考えてもまとまらない……」

思考が堂々《どうどう》巡《めぐ》りを始めるともうお手上げ。負《ふ》の力で思考がオートマチック化しているのです。だったらアナログになるのが一番。歩く、走る、声を出す、寝る、なんでもいい。シンプルな行動を思いっきりしてみましょう！

二転び

グルグル

混乱したら、
一度ご破算《はさん》にしよう。
ゼロにして再出発したほうが、
かえって近道だ。

好きなモノに対するアンテナは、常に張っておくべき！
キャッチしたらメモするべき！

「悪い方向にいく」場合は、
必ずパターンがある。そのパターンに気づこう！

「知る」ことは重要。
でも、知りすぎて臆《おく》するぐらいなら、
忘れてしまおう。

独《ひと》り言《ごと》は悪くない。
ネガティブな独《ひと》り言《ごと》は、
ポジティブな言い方に変えて！

新しいことをすると、
不思議と問題解決のヒントが見つかる。

自分が「どうなるか」ではなく、
「どうなりたいか」を問う癖《くせ》をつける！

いろいろ見すぎると予測できない。
予測できる人は、的《まと》を絞《しぼ》って見ている。

こういう風にしたい！　という積極的な考えは、
長い目で見たら、うまくいくことになっている。

決着をつける！
ケリをつけた数の多さが、人を成長させる。

何にでもトライするようにしよう。
さまざまな刺激《しげき》が、脳を活性化させる。

忙しい人は仕事が速い。
時間の使い方が上手な人は、
自分で自分に指示を出しているのだ。

迷路に入ったときこそ、チャンス!
これも経験。楽しんでゴールを探そう!

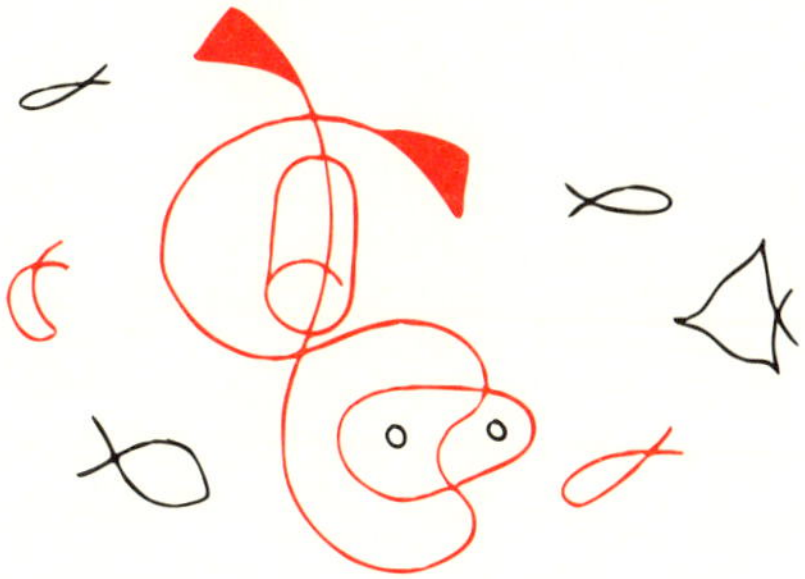

結果を出すまでに時間をかけた人は、
かけた時間だけいい状態も長続きする。

自分で考え、工夫《くふう》し、
行動をしていれば、必ず成長できる。

イメージトレーニングは本番ではしない。
事前に徹底的にしておくこと。

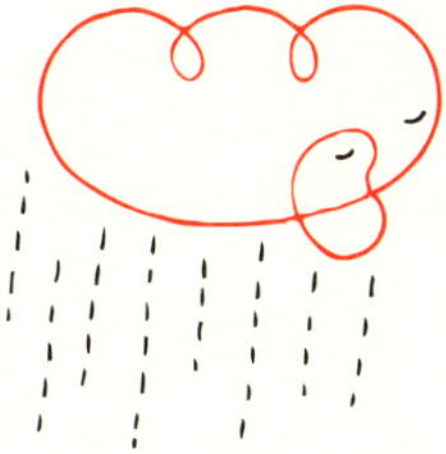

練習とは、湖を雨で満たすようなこと。
いつか一杯にしてやろうと努力しよう。
雨を降らすのはあなただ。

物の本質を見極《みきわ》める目をもつ。
自分の目で確認してから、GOだ！

すぐに行動しない人は、案外思慮《しりょ》深いとも言える。

ただ一生懸命やっていても、
そこに楽しさや嬉《うれ》しさがないとなかなか成果は出ない。

できているつもりでも、
他人から見たらできていないことも多い。
人の話に耳を傾けることも必要。

迷ったり悩んだりするのはいいことだ。
最善の道を探しているのだから。

基本をやらずに応用ばかりやっていたら、
成功なんて望めない。

短期目標をもって、一つひとつ乗り越えよう。
失敗にはこだわりすぎるな。

新しく何かを始める前に、
いま手をつけていることはきちんと終えておこう。

気分転換で脳は休息する。
計算の後に電話をするなど、
作業を変えるだけでいい。

何ごともプロセスが、成功への道しるべ。

誰かに意見するときは、
「君ならこんなやり方ができる」と、
助言になるよう意識しよう。

「自分さえよければ」
という考えでは、
決して
真の成功者にはなれない。

ニセモノは結局飽《あ》きるが、ホンモノは飽《あ》きない。
得るものもはかりしれない。

「こんなことしていいの？」と思っているうちは、
集中していない証拠《しょうこ》。

自分で考え、自分流を探し出そう。
工夫《くふう》とは編み出すものだ。

どんな経験もムダじゃない。
新たな経験は脳を刺激《しげき》する。

どんなに調子がよくても勝ち続けることは絶対にない。
気持ちを引き締《し》めて！

よき指導者を探すこと。
自分だけで能力を伸ばしきるのは難しい。

情報が多すぎても混乱する。
心に「フィルター」をもって選択しよう！

「育《はぐく》む」行為はとても地味だけれど大切。
これを省略すると得るものは少ない。

悩んだことから何かをつかむ
…それが大事なんだ。

知識がないと人は考えられない。
考えられないから「諦《あきら》める」。

誰かに注意をするとき、
結局は自分にも言い聞かせていると気づこう。

問題解決の鍵《かぎ》は、必ず自分のなかにある。
さあ、考えよう!

悩めるときは「準備状態」、
可能性を秘めている時間だ。

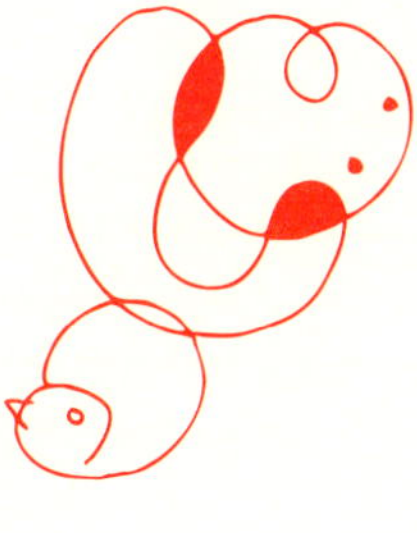

なりたい自分をイメージして生きよう!
人生の舵《かじ》取りをするのは自分自身だよ。

考えすぎて行動しないより、
素直に行動することが大事。

グルグル

定期的に自分を振り返ろう！
振り返りは、成長の秘訣《ひけつ》である。

「われわれ」ではなく、
「私」を意識して行動することが、
ときには大切だ。

現状を文章にするクセをつけよう。
自分を客観的に見る目が養《やしな》われる。

つべこべ考えすぎるな。
何ごとも習慣化すれば、必ずレベルは上がる。

「十中八九」はまだ100％ではない。
最後まで気を許すな！

ものごとは、
一つ何かが変われば
あれよあれよと変わるもの。

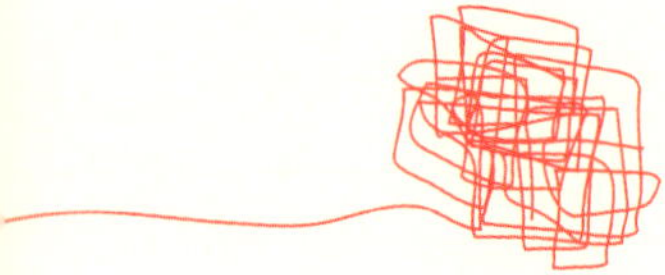

「余裕がない自分が嫌《きら》い……」

「集中」と「イライラ」。どちらも視野が狭《せま》くなります。ただ、一見同じようでも両者はまったく違います。前者は見える光景がクリアであり、後者は結局は何も見えていない。キリキリの原因に寄り添う勇気も必要ですよ。

三転び

キリキリ

調子がいいときも悪いときも、
「間《ま》」のとれる人になろう。

要求水準が高すぎると、心が疲れてくる。
バランスが大事。

怒《いか》りのエネルギーが、
真の成功につながることは少ない。

イヤな状況からは、いったん離れる。
頭を冷やせば乗り越えられる！

自己満足だけではズレが生じる。
第三者のアドバイスで修正しよう！

年をとる…それは若者が経験していないことを
積《つ》み重ねているということ。

普段と違う環境に入ったら、
それを面白《おもしろ》いと思おう。
それで「また」変わることができる。

コンプレックスも
貴重なエネルギー源だ。
邪魔《じゃま》なものじゃない。

「知っている」と「できる」はものすごく違う。
「できる」ようになること。

ライバルの失敗を念じると、自分が失敗する。
エネルギーの出し方が間違っている！

集中力は長く続かない。
効率を上げるには「間《ま》」が肝心《かんじん》！

自分の心が納得していないと、
失敗したときに人のせいにする。

嫌《いや》なことが気になりだしたら、
いったん思考を止める。
そうしないと、次に差し支える。

「それは違う」と悪意なく言ってくれる人は、
自分にとって重要な人である。

一人旅がつまらないのは…
自分自身がつまらないからかもしれない。

自分も大切な存在。相手も大切な存在。
いい人間関係はその意識から。

レベルが高くなるほど、
一人だけの力は微力《びりょく》だと知る…これがわかれば成長する。

キリキリ

めぐり合うどんな出来事も、
あなたにとって必要なこと。
それがあなたの道と信じていこう。

成功する人は、決断の場面で逃げたりしない。

たとえ物足りない相手であっても気を抜かない。
その真面目な姿勢が自分を伸ばす。

ものごとを達成するのに必要なのは、
まず計画、次に実行、
そして現状をチェックすることである。

キリキリ

成功するかどうかよりも、その結果が
「自分にとってどんな意味をもつか」
が重要なのだ。

人は、どれくらい経験をしているかで
ものすごく差が出てくる。

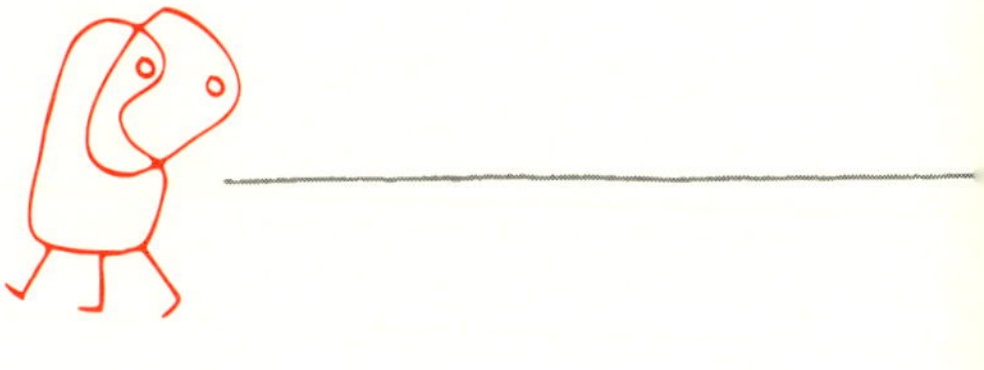

ときにヘナヘナも必要。
遊び心がやる気をつくる。

自分勝手に計画を立てると必ずつまずく。
他人はそのとおりに動かないから。

ダメな部分を引き上げるのは必要。
ただ、イイ部分を伸ばすほうが効率的で快適だ。

コーヒーでも飲んでみたら？
心に少し余裕をもつと、視界が開けてくるよ。

「集中」イコール「効率」である。
効率を上げたければ、集中すること！

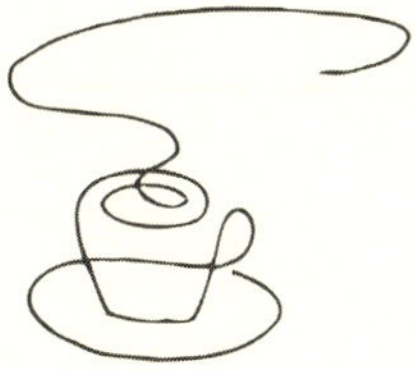

いま、起こっていることに目を向けよう。
次にやるべきことは何か、わかるはずだ。

いつでも相手と目線を合わせられる柔軟《じゅうなん》な心を！
人として成長するためにも大切なこと。

キリキリ

現状を誰かと話そう。
情報交換は問題解決のための重要なヒントだ。

「個」は大切なもの。
しかしそれを大事にするあまり、
他人を傷つけてはいけない。

普段と違うプラスのエネルギーを得たいなら、
交際範囲を広げよう！

年齢じゃない。
おかしいと思ったら、
いつでも人生の仕切り直しは可能である。

ものごとには順番があり、優先順位がある。
よく状況を見て判断しよう！

「いまの自分」を守ろうとすると、
かえって失敗することが多い。

悲しいときは悲しい。
嬉《うれ》しいときは嬉《うれ》しい。
素直な気持ちが大切！

自分のキャパの限界はどこ？
限界を認めると、ものごとはスムーズに進む。

やり方を変えたからといって、
すぐに成果が出ると思わないこと。

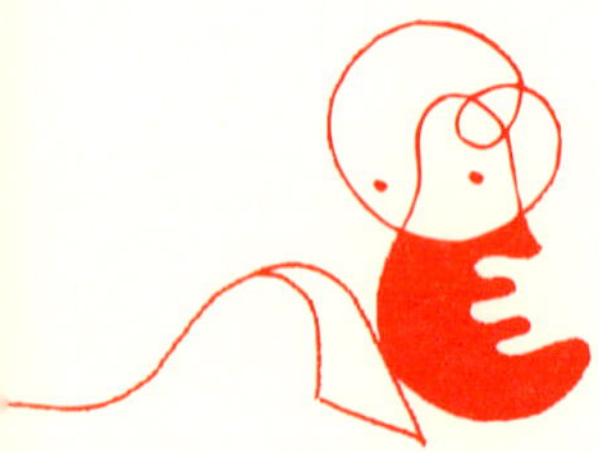

成功する人は、よく分析をする。

何度失敗したとしても、
最後はハッピーエンドと信じるべし！

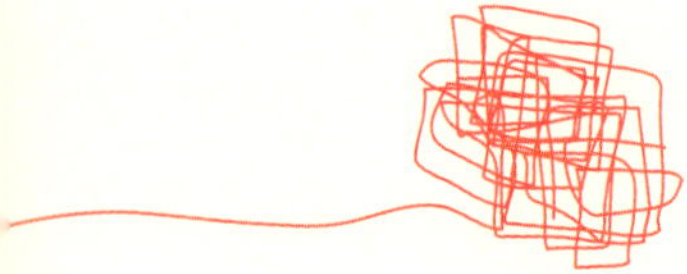

「精《せい》も根《こん》も尽《つ》き果てた……」

「こんなに頑張っているのに！」結果が出ないときがあります。じゃあ、頑張るのを一度やめましょう。心身をすり減らしてまで頑張る意味なんてありません。気力が充実するのを待って頑張ったほうがはるかに効率がいい。

四転び

ヘトヘト

傷ついた筋肉は
休息してこそ強くなる。
心も同じだ。

無駄《むだ》なことなど一つもない。
すべては幅広い知識となって、発想力を育てる。

周りのペースに惑《まど》わされないこと。
「自分との対話」と「休養」が大事！

新しい挑戦は痛みをともなうもの。
苦痛を避《さ》けたら、進歩はないのだよ。

「出会い」が人生を左右する。
いい出会いを！

失敗を繰り返しても諦《あきら》めない。
この気持ちが大切。
諦《あきら》めたら、必ずまた失敗を繰り返す。

一度「原点」に戻ってみよう。難しいことではない。

勝手にほころびが直ることはない。
ほころびを放置してはいけない。

頑張りすぎは苦しすぎる。
ギブアップしてもいいんだ。

思考がフリーズしたときは、いったん場を変えてみる。
この小さな変化が力になる。

人生で大切なのは、
自分自身に正直であること。

365日、
ベストコンディションの人などいない。

誰かに悩みを相談したいと思ったら、
それは復活の兆《きざ》しである。

治《なお》る怪我《けが》ならいい経験（勉強）だと思おう。

方向転換は、
泥沼《どろぬま》に落ちる前に…さあ急いで！

傷つくのもまたいい経験だと思おう。
心も体も強くなる。

事実はみんなに平等である。
その事実が幸《こう》なのか不幸なのかは、
受け止め方の違いだ。

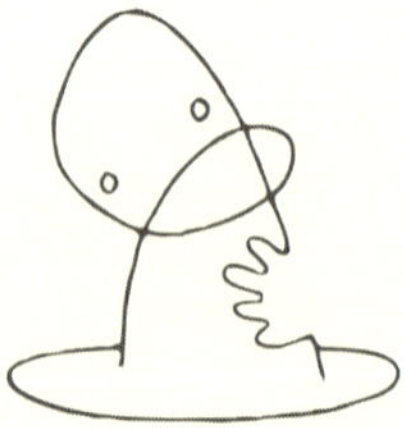

ヘトヘト

タフな人は「工夫《くふう》」をしている。
だからどんな境遇《きょうぐう》にもつぶれないのだ。

苦しいなかで獲得《かくとく》したものは、
確実に自分のものになる。

褒《ほ》め言葉は活力になる。
自分にも、人にも。

泥沼《どろぬま》に落ちそうなら、ギブアップしてもいい。
勇気をもって撤退《てったい》しよう。
見極《みきわ》めは肝心《かんじん》だ。

ヘトヘト

苦しさを苦しいと思うと心がつぶれる。
苦しさの向こうにある光を感じよう。

例えば、絞《しぼ》った雑巾《ぞうきん》を
最後にもう一度エイッと絞《しぼ》る感じだ。
これができれば願いは叶《かな》う！

ライブは最高。
自分の目で見る。心が震《ふる》えるはずだ。

スランプに陥《おちい》ると人は頭（理屈）でモノを考えがち。
シンプルに考え、体を動かしてみる！

もてる五感を総動員しよう。
直感力が養《やしな》われる。

日々の小さな幸せを意識しよう。
その積《つ》み重ねが大きな幸せ、大きなエネルギーになる。

目標が高すぎたら、
変更するのは決して悪いことではない。

心だけが疲れすぎると眠れない。
軽い運動をしてみよう。

「夢を心に!」
できることを積《つ》み重ねていけば、いずれはたどり着く。

大事なことは、
何よりも自分が「幸せになる」こと。

ピンチのとき、
何もせずチャンスをじっと待っていてもいいんだよ。

山のような失敗のなかにも、
小さいながら成功は必ずある。

コミュニケーションは欠かさないこと。
これに飢《う》えると、
冷たい言葉でも人に求めてしまうから。

やるだけやればいい。
力《りき》まなければ、いざというときに実力が出る。

「怪我《けが》の功名《こうみょう》」
何かトラブルがあったときこそ、
いったん止まって考えよう。

未来のない人など、絶対にいないんだよ。

自分の処理能力が飽和状態《ほうわじょうたい》なら、
迷わず誰かに助けを求めよう。

楽もあったし、苦もあった。
トータルで少しプラス。
それで０Ｋなんだよ。

あなたは「世界に一人」。
誰がなんと言おうと、
かけがえのない
大切な存在である。

欠点を知っているほうが強い。
欠点を出さない工夫《くふう》も、欠点の修正もできるから。

成功すればＯＫなのではない。
本当のＯＫとは、自分が納得することだ。

たとえ勝負には負けたとしても、
その経験は必ず君を大きくする。

心の筋肉を鍛《きた》えるには、
書くこと。記《しる》すこと。
日記が一番。

人生において大事なのは、
毎日を面白《おもしろ》がれるかどうかだ！

ピークをつくり出すためには
「休み」が必要。
しっかり休んで、大きくジャンプ!

脳には「忘れる」という素晴らしい機能がある。
だから生きていける。

もうダメだと思ったとき、
実はまだあるぞ!　予備能力。

「がんじがらめで身動き取れない……」

慣れないことや新しいことに挑戦するとき、不思議と体が動かなくなります。でも誰かに押さえつけられているわけではない。自分が何をしたくてどうなりたいのか、冷静に思い出しましょう。挑戦に回数制限はありません。

五転び

ガチガチ

自分を「こうだ」と思い込んでいないか？
客観的に自分を見られる人になれ。

ビビり大歓迎！
成功したいからビビるんだ。

他人が下した評価に
自分を合わせようとしない。
自分は自分!

負ける人は勝つ可能性が90%でも、
10%の不安に引きずられて負けてしまう。

どんなに調子がよくても
勝ち続けることは絶対にない。
どんなに調子が悪くても
負け続けることもない。

本番は「プレー」の合図《あいず》から始まるのではない。
すでに準備段階から本番は始まっている。

失敗しても「私はできる」と根気よく言い続けよう。
自分が自分の一番の応援団だ！

「絶対に失敗しない！」と思うより、
「三回まで失敗してもいい」と思うと緊張しない。
やり直しＯＫ！

緊張したら深呼吸。絶対に楽になる。

リラックスしていると上達する。
「〜ねばならない」と思ったら萎縮《いしゅく》する。

ガチガチ

調子がいいときは、
不思議と必要な情報がバンバン入ってくる。

準備のないまま本番なんて、
わざと失敗をしにいくようなものだ。
強気でいこう！

以前の成功した方法に固執《こしつ》していてはダメ。
見直しが大事。

腹を括《くく》る覚悟は必要。
自分の初心を思い出すことが上昇の鍵《かぎ》。

自分のやり方は簡単に変更できない。
強く強く意識して、やっと変更の入口だ！

めざすゴールは遠いほうがいい。
近くに見据《みす》える目標は「通過点」なんだ。

成功率100%のものより、
50%しかないものに挑戦するほうが、
士気は上がっていく!

本番を想定して練習・訓練しないと、
いざというときの力にはならない。

偶然《ぐうぜん》ではない。
いまある姿は、準備を続けてきた結果なんだ。

集中力を高めるために、
「手を洗う」「掃除《そうじ》をする」などの自分流の儀式をしよう！

「～したい」ではなく、「～する」と自分に言い聞かせる。
本当に叶《かな》えたいことなら思いは強く！

いつも誰かに解決してもらっていないか？
自分が納得する解決方法を身につけよう。

成功する人は、自分を次の目標に向かわせるために、
わざと「飢《う》える」状況をつくっている。

大舞台に強い人は、
一心不乱《いっしんふらん》に成《な》すべきことに集中している。

「やりたい！」という気持ちがあれば熱中できる。
達成へとつながる。

大事なポイントで集中できれば、効率が上がる。
効率を上げるには集中だ。

栄養過多は消化不良のモト。
心も同じ。少々飢《う》えると吸収力が倍増する。

遠くの景色や身近なモノをしっかり見つめる。
焦点《しょうてん》が定まればもう大丈夫！

決意したときは一気に駆《か》け上がれ！
途中で息切れしたら、休んでまたやり直せばいい。

最初から安全策をとると成功が遠のく。

「ドキドキ」は
実は戦闘準備ＯＫということだ。

次に起こり得ることをイメージしよう！
そうすれば素早い対応ができる。

ここ一番のときこそ、何がなんでもやってやる！
と強気でいこう。失敗してもいい。

勝てる可能性が10％だとしても、
実は勝つか負けるかという確率は、
二分の一なんだ。

単なる根性ではダメ。
「絶対に勝ちたい！」と、
ド根性を強く出した人が勝つ。

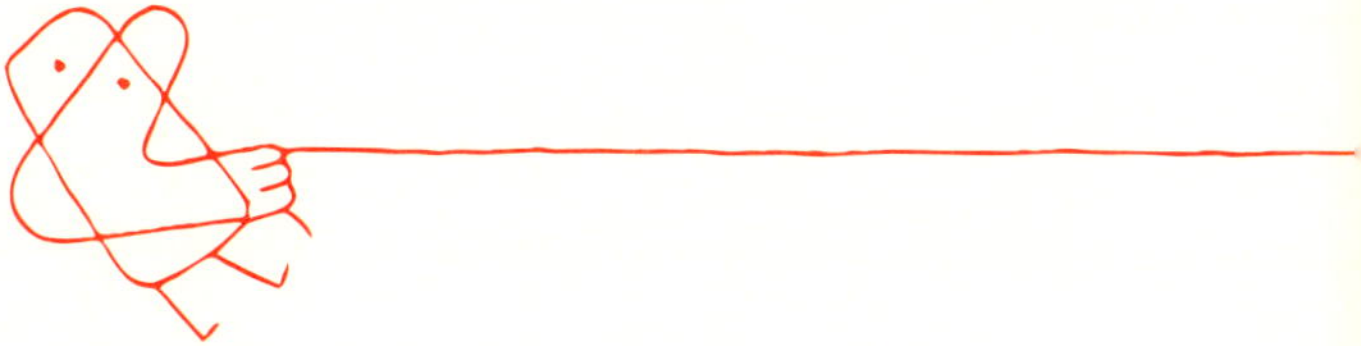

いましていることが信じられるなら、
壁にぶち当たっても達成するまで
諦《あきら》めずにやり続けることが大切。

士気が上がるのは大事。
でも実力以上の興奮は逆効果。

思いが強いとオーラが出る。
オーラが出れば自分を取り巻く環境が変わる。

自分流の哲学をもとう。
メンタル面が確実に安定する。

ハッタリを突きとおす…それも自分の底力だ。

ガチガチ

集中して行動したら、
失敗しても結構サバサバできるものだ。

競《せ》り勝った経験は勝負強さの根っこになる。
競《せ》り負けた経験は生きる肥《こ》やしになる。

限界に挑戦してワクワクしよう。
思いがけない自分に出会え、人生が数倍楽しい。

成功しているときこそ冷静に。
最後まで準備を怠《おこた》るな。

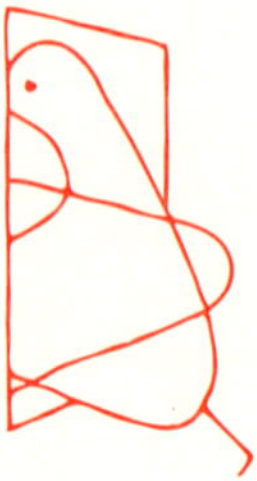

ガチガチ

たとえいま「勝った（負けた）」としても、
次に予測のつかないドラマが
待ち受けている！

ベストじゃない状態で、
どれだけ力を出しきれるかで、
真価が問われる。

たとえ悪条件でも、やる気と目的意識さえあれば、
ほとんどのことはやり遂《と》げられる！

「勝つ人」は、「失敗も成功」だと
本気で思っている。

いいラストを迎えるために、
「いま、一生懸命やる」と決意すれば、必ずよくなる。

最終決断は、自分がする！
人に頼ると
成長のチャンスを逃す。

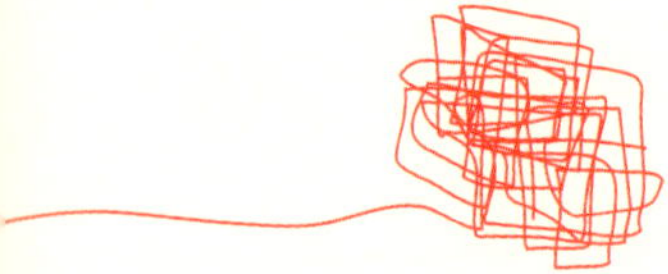

「気ばかり焦《あせ》って何も手につかない……」

目を閉じて10秒数えてみてください。正確に時を刻めますか？　時間はいつの時代もどんな場合でも誰にでも等しく動きます。あなたが時間の歩調に合わせると楽になります。まずは単純・簡単なコトから始めましょう。

六転び

アワアワ

通用しないことはダメじゃない。
「通用しない」と気づいて前進すればＯＫ。

切羽詰《せっぱつ》まったら
素直に「助けて！」と言える人が本当は強い。

ときにはその場しのぎがあってもいい。
ただし、その場しのぎの繰り返しは禁物！

ビビると行動は速くなる。
やる気がないと反応は遅くなる。
これに気づこう！

ミスは誰でもする。
大事なのは自分のミスを見すごさないこと。

大きな肉は、小さく切ってから食べる。
問題解決も同じ。一気に解決しようとしない。

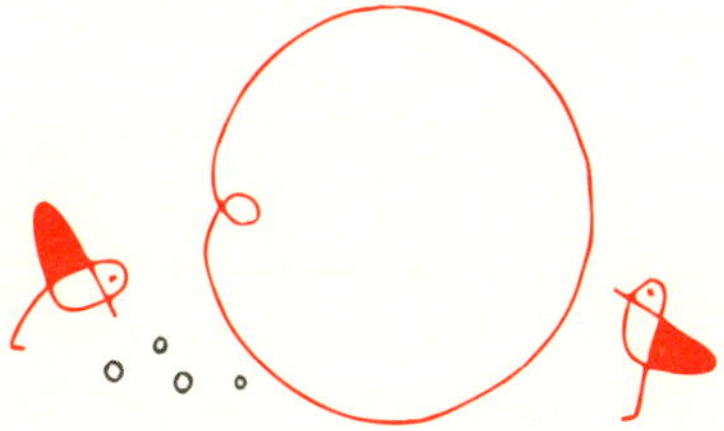

いっぱいいっぱいなときほど、
客観的な判断はできない。
さあ、ひと呼吸!

気持ちを落ち着かせたいときは、
独り言《ひとごと》をつぶやくのもいい方法だ。

本番前なら何が起こっても、
まだそれは挽回《ばんかい》の時間があるということ。

経験のないことは、
経験のある人に聞くのが一番だ。

スランプを脱するには、
子どもの頃、
無邪気《むじゃき》に熱中できた自分を思い出してみよう!

問題にぶつかったら、
その時点で「できる」ことからしよう。
一つできると応用がきく。

自分の処理能力の限界（容量）を
知ることが重要だ。
次の作戦が立てられる。

勝負の分かれ目は、
実はほんの「ちょっとした」ことなんだ。

ここぞ！　というときに
アレコレ考えるのはプレッシャーのモト。

不安は、
自分が変わるための
大事な要素ととらえよう。

現実を一度素直に受け止める。
認めるとジタバタしない。

「失敗」の原因追及は
すべてを終わらせてから、改めてきちんと反省！

気持ちが急《せ》いているときは、
ゆっくりとした行動を心がける。
これ、緊張を解《と》く極意《ごくい》。

新しいことは、いま自分が抱《かか》えていることを
何か一つでもいいから片付けてから始めよう！

過去の失敗、悔《くや》しさを見て見ぬフリをしていないか？
いまからでも解決しよう！

アワアワ

ピンチのときは、あの手この手を使ってみる。
悪あがきも貴重な経験になる。

チャンスを逃す人は、
目の前にあるチャンスが見えていない。

必ず得意なことがある！
大事な場面では得意技で勝負して、
自分のリズムをつくろう！

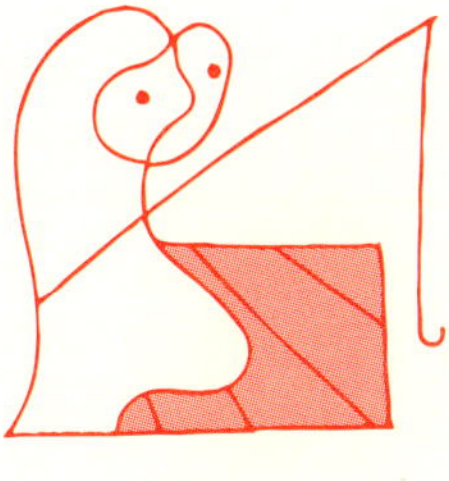

何かを達成するときは、
「進む」だけでなく、「待つ」時間も必要だ。

車のハンドルと同じで、
心にも「遊び」がないと危険だ！

レベルが上がるほど悩みや不安は多くなる。
それは自分を見つめ直す時期ということ。

アワアワ

成功しても、失敗しても、
いつでも自分の行動を分析すれば、次は大丈夫！

失敗はＯＫ。
ただし同じ失敗をしない…コレ、成長のコツ。

子どものときに教わるマナーを身につけていれば、
必ず社会で通用する！

何ごとにもとらわれていない
心の状態を覚えておこう！
いつでもゼロに戻れるように。

一人前になりたいなら、まずはジッと見て「見習う」。
この時間こそ貴重な時間だ。

問題解決の近道は、
「見る」「聞く」「言う」を実践《じっせん》していれば見つかる。

情報を取り入れるばかりではよくない。
たまには入口を閉めて集中しよう！

自分にウソをつくと、必ずしっぺ返しがくる。

ピンチのときこそ余裕をもとう！
どこまで挽回《ばんかい》できるか楽しむくらいの気持ちが大事。

嬉《うれ》しさは思いっきり顔に出そう！
自分だけでなく、周囲のみんなも幸せにするから。

アワアワ

何ごとにも
「波」があると心得る。
高い波も低い波もあって、
それが自然なことなのだ。

「人と比べすぎない、焦《あせ》らない」
自分は自分。

やってしまったことは元に戻らない。
結果よりも、
むしろやるまでの心構えに心を砕《くだ》こう。

勝つ人は「勝つ」理由を見つけ、
負ける人は「負ける」言い訳を探している。

壁にぶつかったとき、
逃げるか？　乗り越えるか？
自分でしっかり判断すれば後悔はしない。

「弱気のムシがとりついた……」

どんな場面でもハキハキと発言して強気で立ちまわれる人は羨《うらや》ましいですよね。でも強気ってなんでしょう。物を言わずじっと我慢《が まん》している人も、諦《あきら》めず黙々としている人も強い人ですよ。あなたらしい強気を探しましょう。

七転び

クヨクヨ

優《すぐ》れてなくてもいい。
何よりもまず得意分野をつくろう！
すべてはそれからだ。

以前はできなかった、と怯《ひる》まない。
経験を積《つ》んだ「いま」のほうが成長しているのだから。

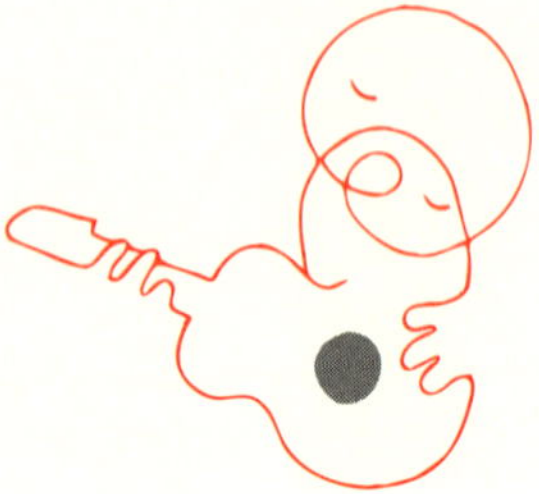

クヨクヨ

長い人生、諦《あきら》めが成功につながる場合もある。
要は、諦《あきら》めた後どう行動するか、だ。

自分に言ってあげる言葉は、
「お前はダメな奴!」でなく「今日もよく頑張ったね!」

優《すぐ》れた人にも弱点はある。
勝つチャンスは
誰にでもあるんだ。

負けた「その場」ではどうにもできない。
ウジウジするより、とにかく次だ！

ピークのときと最悪のときを比較して
落ち込むのは不幸である。

愚痴《ぐち》も大事。寄り道も大事。遊びも大事。
それをキッカケに、切り替えよう！

いま、「めざす自分」とかけ離れていても、
その事実を受けとめよう。
そこから始まる！

逃げたら、結局一生後悔する。
悩んだときは、勇気を出して向き合おう。

マイナスの考えにとらわれると、
実力があるのにその力を発揮《はっき》できなくなる。

「うん！　うん！」と
黙って聞いてくれる友だちこそ大切！

どんなに調子が悪くても、
ずっとそのままなんてことは、絶対にない。

悩むなら、本気で悩め。
それほど深刻でないなら悩むな！

行動する前に諦《あきら》める人は、
もう一度自分と会話してから結論を出そう。

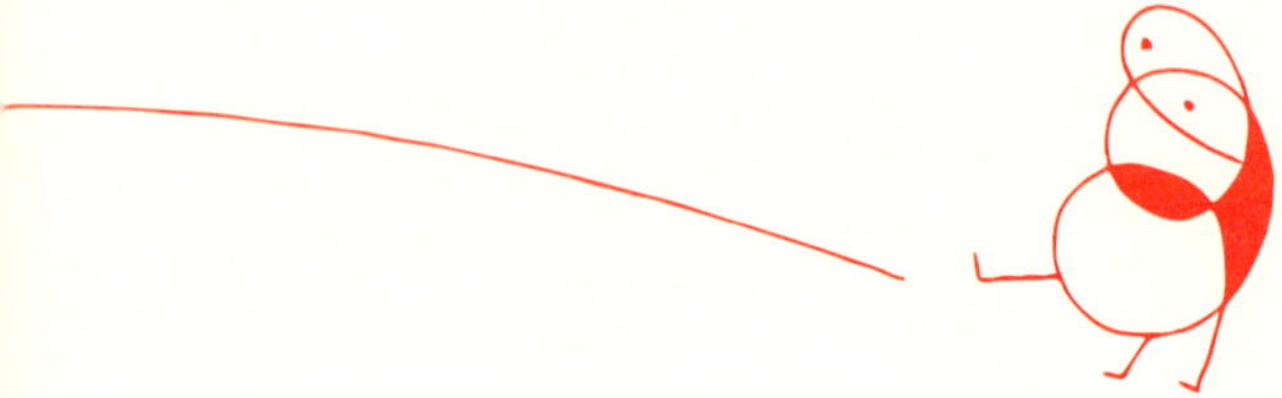

クヨクヨ

いい終わりにしたいなら、
「いま」一生懸命になってごらん。

悩むのも生きているからこそ！
悩みは生きるための大事な要素なんだ。

自分よりたいへんな人が必ずいる。
自分はまだ幸せだ、と考えてみよう。

「去年と同じ」なんてありえない。
気持ち、年齢、環境…すべて変化しているのだから。

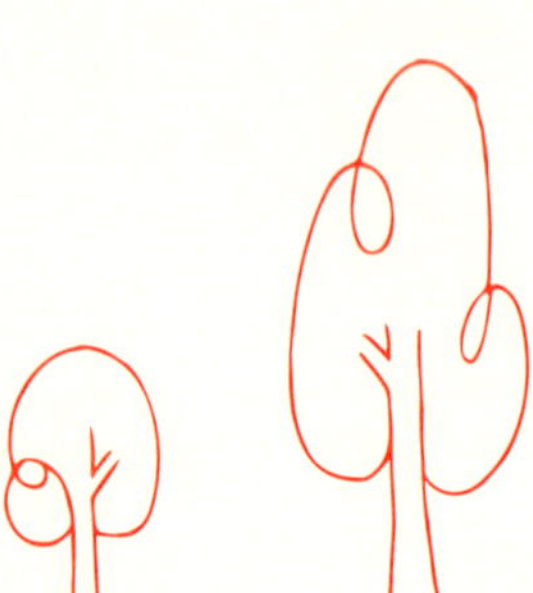

クヨクヨ

さあ君のいいところを探そう。
自分の価値を値引きしないこと！

自分は「生かされている」のではなく、
「生きている」としっかり言い聞かせよう。

伸び悩んでいる人は、
いまこそ「基本に戻ろう！　基本を養《やしな》おう！」

いい結果を出し続ける人は、
毎年すべきことを少しずつ変えている。
ニューバージョンで勝負してごらん。

「どうせ自分なんか」と思った途《と》端《たん》に、
ものごとはうまくいかなくなる。

一生懸命やった人を、敗者とは呼ばない。

成功する人たちの共通点は、
「向かう意欲」と「やりとおす力」である。

後悔だけでは解決しない。
内容を書き出して再挑戦！
これで後悔が復活の鍵《かぎ》になる。

第一印象が悪くても、
ジワジワとイイ面を見せていくと好印象に変わる！

自分を褒《ほ》めよう。その効果は意外に大きい。

人はネガティブなものに引っ張られやすい。
思い込みには要注意!

腹を括《くく》る! 肝《きも》を据《す》える!
これが成功のキーワードだ。

負けたことは糧《かて》になる。
いや、糧《かて》にする!

クヨクヨ

右か左か真ん中か…
どの道を選んでも間違いではない。
あなたの選択！　あなたの人生だ。

たとえ10分でも、毎日続けられることを見つけよう。
続けられたら、必ず自信になる。

調子が悪くても、
一日に一つくらいイイことが必ずある。

「どう言われようと己《おのれ》の考えを貫《つらぬ》く！」と覚悟すると、
自分なりの答えが見つかる。

クヨクヨ

生き方に変化をつけたいなら、
勇気をもって一度立ち止まること。

短所をプラスに考え直そう。
例えば「引っ込み思案《じあん》」は「慎重《しんちょう》」だということ！

I’m OK, you are OK.
心理学では、まずは「自分が OK」であるところからスタートします。自分を認めて、相手も認める。協力し合って、補《おぎな》い合って生きていく。人は一人では生きられないのですから。

八起き

はじまり、はじまり

「転んだら起きあがる」

今まで何回転んだ？
何回起きあがった？

転んでそのままじっとしていれば、
確かにそれ以上は転ばない。
でも、転んだままでは何もできない。
次を恐れず、起きあがろう。

転んだから、初めて見える風景もある。
ここ一番で力を発揮《はっき》するために、
わざと転んでみたっていいのだ。
転ぶことは悪くない。
次にもっとよく「起きあがる」ための準備と思おう。

何度転んでもいい。
何度でも起きあがろう。

そのたびに心の筋肉は間違いなく強くなっている。

クールダウン　人生はリーグ戦である

『起きあがりことば』は皆さんの心の筋肉を動かすことができたでしょうか。少しでも効《き》いたのなら、私の心も「モヤモヤ」「グルグル」せずにすみます。

約30年、私はおもにスポーツの分野における心理学を研究してきました。恥ずかしながら著書も何冊かありますが、今回は、1ページ読んだだけでも「そうか！」「私にもまだできる！」と希望をもっていただけるスタイルを考えてみました。これは私にとっても新たな「挑戦」でした。

本著のタイトルと構成は、「七転び八起き」をベースにしています。転んでも転んでも起きあがる、このことわざは、まさに諦《あきら》めない生き方を表現しています。

人は誰でも転びます。転んだら起きあがればいい。不思議にもこんな簡単なことに、案外気づかない人が多い。おそらく転んだときは余裕がなくなってしまうからでしょう。冷静な第三者がタイムリーにアドバイスをしてくれるといいのですが、なかなかそうもいかない。

ただ、人生において起きあがる術《すべ》を心得ている人は、心のなかに「もう一人の自分」が存在し、常に会話をしています。日記という手法で自問自答《じもんじとう》している人もいます。プロテニスプレーヤー・松岡修造氏も現役時代、日記をつけて戦っていました。自分との対話は、スポーツ選手にだけ効果的なのではなく、皆さんにとっても自己確認という意味でとても効果的です。「今日はここが駄目だった。じゃあどうするか」「自分がめざしているのはこれだ」「もう一度、いや何度でも頑張ろう！」と自分と対話することで、明日に向かう力になるはずです。

私は、本当の意味での「敗者」はいないと思っています。試合というのは、そのときの勝負を決めるだけで、勝った人も負けた人も、その結果を次へつなげられるかどうかのほうが重要です。ここでその典型的《てんけいてき》な例をご紹介しましょう。

松岡修造氏が主宰《しゅさい》する、ジュニア育成を目的とした「修造チャレンジ」のある合宿に、ジュニアのチャンピオンが参加し、一方同じ合宿に、実力的にはまだまだの子が球拾いとして参加していました。球拾いの彼は、毎日毎日球拾いをしながら練習に参加できるチャンスをうかがっていたところ、修造氏が「練習に参加してみるか」と声をかけたのです。しかし、それには「チャンピオンと試合をして勝ったら」という条件が付きました。同時に、チャンピオンにも「負けたら帰る」という条件が付きました。実力の差は歴然《れきぜん》としていましたが、なんと球拾い君が勝ったのです。チャンピオンは再試合を願い出て、もう一試合しましたが、結果は同じでした。一度決めたルールということで、チャンピオンは帰されました。チャンピオンには「負けられない」という負《ふ》のプレッシャーがかかり、実力が発《はっ》揮《き》できなかった。逆に球拾い君はワンチャンスをモノにしたということです。

まさに考え方次第ですが、私が監督を務《つと》める専修大学の女子テニス部でもこういうことがありました。ある選手から試合前に「ネットプレーがうまくいかない」と打ち明けられました。そこで私は「だったら試合でしなければいいじゃないか」と答えたところ、彼女はハッと気づいたように「そうですね」と答え試合に臨《のぞ》みました。実際そのとおりにして彼女は勝つのですが、本来、打開策《だかいさく》はたくさんあるものです。ただ、近視眼的《きんしがんてき》になっているとその策が見えなくなるんですね。

どんなときも「気づくかどうか」が重要です。ただ、一人ではなかなか難しいので、気づかせてあげることが指導する者としての私の役目です。例えば、ある選手が試合でミスをします。そのミスに対して、「なぜミスをした！」と問うてしまいがちですが、そのときに「(ミスをしたときの) ラケットの角度はどれくらいだった？」と状況を聞くようにします。すると選手も冷静に振り返り、覚えていなくても振り返ろうと努力をして素直に反省します。反省できると間違いなく成長します。とはいえ私自身ついつい興奮して怒ってしまうこともしばしば。反省しています。それで私も成長する…（笑）。

繰り返しになりますが、気づくことは案外難しい。気づく人は、例えば「挨拶《あいさつ》をする」といった普段誰もが当たり前にすることを当たり前にできる人です。そういう人は普段と違うことが起こったら、すぐにそうとわかる。だから気づける。また、素直に人のアドバイスに耳を貸すことのできる人も、気づける人です。他人は自分の想像外のことを言うものです。ときに自分の力量《りきりょう》を超えたことを要求してくることもある。でもそれは期待してくれるからこその「ことば」でもあるのです。そう思えたら、そう信じられたら自分の力は二倍にも三倍にもなります。

アテネオリンピック、８００メートル自由形で金メダルを取った柴田亜衣《しばたあい》選手がこんなことを言っています。「練習は苦しいけれど、この練習を疑っているとブレーキになるから信じて頑張る」と。コーチの言葉を素直に信じられる選手は、自分の実力を１２０％にも２００％にもすることができるのです。

最後に、皆さんにこれだけはお伝えしておきます。「人生はトーナメント（勝ち抜き戦）ではなく、リーグ戦（総当り戦）である」と。だからこそ、得失点や取得したセットが後々《あとあと》効《き》いてくるのです。失敗という経験も、次に同じ場面に遭《そう》遇《ぐう》したときに、必ず活《い》きてきます。いえ、ぜひ皆さんには活《い》かしてほしい。

人生はまだまだ続きます。たまには休んでもいい。転んだままじっとしていてもいい。そして転んだ自分を責めるのではなく、起きあがるために自分はどうしたらいいいか、自分は何をしたいのかを考えてみてください。

その考え方のヒントはこの『起きあがりことば』のなかにあります。即効性《そっこうせい》がなくても何度も読み返していくうちに、必ずボディーブローのように心の筋肉に効《き》いてきます。

万が一「効《き》いてこない」という方がいらっしゃったら、「万に一つということは、残りの9999回は効《き》いているはずですよ」とお答えすることにしましょう。

皆さんの元気に寄り添えることを願っています。

２００９年2月

佐藤雅幸

起きあがりことば　心の筋肉に効いていきます

２００９年３月25日　初版第１刷発行

［著　者］　佐藤雅幸

［イラストレーション］　杉山卓也
［ブックデザイン］　石田聡子　（パレットハウス）
［編　集］　棟石理実＋廣渡　淳　（パレットハウス）
赤井茂樹＋吉越久美子＋大槻美和　（朝日出版社第２編集部）
［発行者］　原　雅久
［発行所］　株式会社　朝日出版社
〒１０１・００６５　東京都千代田区西神田３・３・５
ＴＥＬ０３・３２６３・３３２１　ＦＡＸ０３・５２２６・９５９９
http://www.asahipress.com/
［印刷・製本］　凸版印刷株式会社

ISBN978-4-255-00465-5　C0092